AF610838

MACIZO DEL BESIBERRI

Miquel J. Pavón Besalú

Geógrafo

www.posets.com

1ª edición, marzo del 2012.
Safe Creative: 1205041583201.

Dedico este libro

A mi hijo Néstor.

ÍNDICE

INTRODUCCIÓN

• **Situación del macizo de Besiberri***:* Está en el Pirineo y en la comarca de la Alta Ribagorça de Catalunya (España). Pertenece a los municipios de la Vall de Boí y de Vilaller. El grupo de montañas forman la cabecera de la Noguera Ribagorzana y la Noguera de Tor. Son la zona oeste del parc nacional de Sant Maurici i Aigüestortes.

• **Principales cumbres del macizo**:

Los picos de más de 3000 metros del macizo son: Besiberri Nord (3008 m), Besiberri Sud (3034 m), Coma lo Forno (3029 m) y Punta Alta de Comalespada (3015 m). El Besiberri Central (2995 m) y la punta Célestin Passet (2998 m) habían sido considerados durante mucho tiempo cumbres de más de 3000 metros pero recientes mediciones hacen que ahora no superen la codiciada cota.

En el circo hay también algunas cumbres interesantes que tienen su interés alpinístico fuera de toda duda. Entre ellas destacaría el Montardo d'Arán (2830 m) que es, además, la cumbre más alta de la Vall d'Arán. Y una zona clásica para la escalada es el grupo de los Tumeneia en los que destacan el Pa de Sucre (2863 m) y el característico Mussol (2832 m) o agulla de la Tempesta.

• **Aproximación al macizo**: El acceso por el norte es por la población de Artíes situada en la Vall d'Arán. El acceso por el sur y por el este es por la Vall de Boí subiendo por la presa de

Cavallers o por Gèmenes. La entrada por el oeste es por la vall de Besiberri que empieza cerca de la boca sud del túnel de Vielha.

• **Primeras ascensiones**: Todas las cumbres de la zona se subieron por primera vez a finales del siglo XIX.
- *Besiberri Nord*: En 1899 por Nils de Barck, Marcel i Henri Spont i J.M.Sansuc.
- *Besiberri Sud*: En 1886 por Packe i Dashwood.
- *Coma lo Forno*: En 1882 por Henry Brulle, Jean Bazillac i Célestin Passet.
- *Punta Alta de Comalespada*: En 1880 por Schrader i H. Passet.

• **Posibilidades turísticas de la zona**:

- En la zona sur del macizo el acceso se hace por el valle de Boí que es, sin lugar a dudas, donde está uno de los mejores conjuntos románicos mejor conservados del mundo declarados patrimonio de la humanidad por la UNESCO. Destacan las iglesias de: Sant Climent y Santa Maria de Taüll, Sant Joan de Boí, Santa Eulàlia d'Erill la Vall, Sant Feliu de Barruera, la Nativitat y Sant Quirc de Durro, Santa Maria de Cardet y l'Assumpció de Cóll.
- En Artíes, población de la Vall d'Arán, tiene interés visitar en su casco urbano la Torre del Castillo, la casa Ço de Pauet, la casa de Portolà, la iglesia parroquial y, ya en la carretera, la iglesia de Sant Joan que es una sede de Eth Musèu dera Val d'Aran.
- Para los más niños y en la entrada al valle hay el interesante centro de fauna situado en el Pont de Suert.

• **Excursiones familiares recomendadas**:

- Es una zona que está repleta de zonas lacustres de alto interés. Cada valle tiene la posibilidad de llegar a muchos lagos después de dos o tres horas de ascensión. En Valartíes están los espectaculares estany Tort y estany de Mar. El conjunto lacustre de Tumeneia y Travessany están muy cerca del refugi Joan Ventosa Calvell.
- También son muy interesantes los caminos tradicionales que unen las diferentes poblaciones de los valles que se han recuperado y señalizado para realizar bonitos paseos. Los más recomendados en la vall de Boí son de: Pont de Saraís a Cóll, Pont de Saraís a Barruera, Barruera a Cardet, Barruera a Durro, Barruera a Saraís, Barruera a Boí y Barruera a Erill la Vall. Los más recomendados en la zona de Artíes son de: Artíes a Gessa y de Artíes a Garós.

BESIBERRI NORD (3008 m)

• **Situación**: Es una montaña de más de tresmil metros situada en el Pirineo catalán (España). El macizo de los Besiberris está en la zona alta de la Noguera Ribagorçana y la Noguera de Tor que forma el valle de Boí.

• **Acceso**: Para ir desde el norte es por la población de Artíes de la vall d'Aran y hacer noche en el refugio de la Restanca. Por el este es por el valle del riu Malo partiendo de la presa de Cavallers (1723 m) que está cerca de Caldes de Boí. Y una última opción, es ir por el oeste remontando el valle de Besiberri que sale de la boca sur del túnel de Viella.

• **Ruta normal**:
Vertiente este (valle del riu Malo). AD (III). En principio con el coche se puede llegar hasta la misma presa de Cavallers pero los gestores del Parque Nacional de Sant Maurici i Aigües Tortes han decidido que no sea así. Por lo tanto, según sea la época del año puede haber una aproximación extra desde la barrera del parque hasta la parte superior de la presa más o menos larga. Desde Cavallers se bordea por un camino el pantano hasta llegar a su final. Superando unas pequeñas pendientes pronto se llega a la Pleta del riu Malo. Aquí, junto a unos puentes de madera, hay el cruce que va al refugio Ventosa i Calvell o hacia los Besiberris. En la Pleta hay sitio para vivaquear (independientemente de si el parque lo permite o no) sobre la hierba aunque hay pocos sitios buenos. Saliendo de la Pleta el camino se endereza rápido. Se cruza una cascada de agua y algo más tarde el mismo río para poder llegar al

estanyet de Besiberri. Prácticamente, se podría decir que en este punto se encuentra seguro la última agua del recorrido. Para llegar al collado se puede subir directamente por unas pendientes rocosas aprovechando las diferentes canales herbosas siendo mucho más fácil para aquellos que sean especialistas en adherencias. Antes uno se encaminaba, normalmente, hacia el refugio metálico de la brecha Peyta pero ahora no existe. Eso sí se suele ver en la brecha gente alucinando y buscando el preciado cobijo con pocos resultados positivos. Las marcas dirigen hacia el antiguo emplazamiento. La subida directa hacia el collado del Besiberri Nord no está muy bien marcada. Una vez en el collado superior estaremos justo al pie de la pared. Los hay que se encuerdan en este punto y los hay que no. La verdad es que la cosa se pone aérea, la dificultad aumenta y los no escaladores acaban optando, tarde o temprano, por una retirada honrosa. Y es que este pico es serio. Recorrer los últimos metros se puede hacer por diferentes sitios. El itinerario considerado como normal empieza por una canal dificililla y que necesita fuerza de brazos para superarla. Hay que ir por esta canal hasta llegar justo al filo de la aérea cresta. Creo que la opción del diedro es tirando a más difícil que ir por el lado aéreo de la derecha. Una vez en este punto hay que realizar una travesía hacia la izquierda para ir a buscar otra canal que suele estar helada. Superando la canal en cuestión nos encontraremos con una pared que se supera aéreamente por la izquierda. Si llegamos arriba de la pared deberemos dirigirnos de nuevo a la derecha, después de otra travesía a la izquierda, para encajar un par de canales más que nos conducirán a la cumbre. La última de las canales es quizás la más difícil del recorrido igualando en dificultad a la primera de todas. Lo más seguro es que esta descripción no te

sirva casi de nada y lo mejor es que una vez allí sigas las fitas. Cuenta que para subir y bajar este tramo, si vas encordado y con reuniones, puedes llegar a tardar de dos a tres horas para subir y otro tanto para bajar. Si para bajar lo ves francamente mal lo mejor es que te dejes de historias y tires de rapel. Yo el destrepe lo ví mucho más complicado y difícil que la subida. En fin, ¡suerte!. ¡Ah! Se me olvidaba ... esta segunda vez que lo subo hice uno de los vivacs más bonitos de mi vida en la misma cumbre ..... aaaaa .... y lo afirmo fehacientemente por si se me desea multar .... En realidad en el vivac sólo caben dos personas. Pero comentábamos que si hubieran llegado dos excursionistas (femeninas) más para ellas seguro que hubiera habido sitio de sobra (jejeje).
Desde la presa de Cavallers hay unos 1500 metros de desnivel que se pueden hacer en unas cinco horas.

• **Otras rutas**:
Vertiente norte (por Estany de Mar). AD (III). Hay unas 4 horas y unos 1000 metros de desnivel desde el refugio de La Restanca. La ruta va a subir hasta la brecha Peyta para luego continuar la misma cresta que la ruta normal.
Cara oeste (vall de Besiberri). AD (III). Son unas 4 horas para unos 800 metros de desnivel. Es una pared de roca.
Cresta norte (canal de Rius). AD (III). Son unas 5 horas para unos 1000 metros de desnivel desde el refugio de La Restanca o el refugio de Besiberri.
Cresta de los Besiberris (Besiberri Nord al Besiberri Sud). AD (III). Es una cresta de un kilómetro aérea y muy bonita de hacer. Considerada una de las mejores del Pirineo. Son unas tres o cuatro horas. Terreno mixto. Ver: Besiberri Central (2995 m).

Vertiente noroeste (estany Tort de Rius).

• **Refugios**: refugi de Besiberri (2200 m), refugi Joan Ventosa i Calvell (2220 m) y refugio de La Restanca (2032 m).

• **GPS** (RE50): 31T 321783 4719494.
• **GPS** (WGS84): 31T 321692 4719274.

• **Datos GPS de la ruta normal por el vall del riu Malo** (RE50):

Presa de Cavallers	31T 324196 4717090 1787
Pleta del riu Malo – cruce al refugio Ventosa i Calvell	31T 324366 4718792 1870
camino por el valle del riu Malo	31T 323411 4719030 2228
cruce del riu Malo I	31T 323142 4719092 2312
Estanyet de Riu Malo	31T 322768 4719277 2501
cruce del riu Malo II	31T 322425 4719204 2622
coll del Besiberri Nord	31T 321915 4719500 2940
Besiberri Nord	31T 321783 4719494 3022

• **Mapas**: Tuc de Mulleres-Besiberri editorial Alpina 1/25000 y Pica d'Estats-Aneto IGN Rando 1/50000.

BESIBERRI SUD (3034 m)

• **Situación**: Es una montaña de más de tresmil metros situada en el Pirineo catalán (España). El macizo de los Besiberris está en la zona alta de la Noguera Ribagorçana y la Noguera de Tor que forma el valle de Boí.

• **Acceso**: Para ir desde el norte o el oeste se remonta el valle de Besiberri que arranca en la boca sur del túnel de Viella. Para ir desde el norte o el este se remonta el valle del riu Malo que arranca en la presa de Cavallers (1723 m) que está cercana a la población de Caldes de Boí. Una última opción, es ir por el sur remontando el valle de Gémenes que tiene un buen montón de ibons y en este caso se sale desde Caldes de Boí.

• **Ruta normal**:

Vertiente oeste (vall de Besiberri). F (I+). La subida es de unos 1468 metros de desnivel. No tiene unas dificultades técnicas especiales aunque la subida y bajada del collado tiene unos metros que conviene prestar algo de atención. Saliendo del refugio de Besiberri el camino parte siguiendo la ladera natural de la montaña y va siguiendo el valle a media pendiente siempre por su lado izquierdo y no perdiendo nunca el desnivel conseguido. El tramo final de la ascensión a la colladeta d'Estanys es la que presenta la dificultad más importante del recorrido aunque los hay que no le temen al peligro y son capaces de bajarlo incluso sin crampones ni cuerda ... Eso sí se le ve como la sudoración hace acto de presencia ... Una vez se llega a la colladeta d'Estanys, si se va "*sobrado*" y para hacer tiempo mientras el resto del grupo más rezagado llega, se puede subir paseando al Pic d'Avellaners en unos diez o quince minutos. El Besiberri Sud no tiene problemas y en una media hora se llega fácilmente a su cumbre por lo que podremos exclamar ... ¡Fiesta!. El Coma Lo Forno también tiene acceso desde la colladeta haciendo todo un flanqueo al Besiberri Sud por la vertiente de Gèmenes y se puede llegar a la cumbre en una hora y media aproximadamente, eso sí, en invierno hay que cruzar unas pendientes que pueden ocasionar fácilmente aludes de placa por lo que es recomendable llevar alguna que otra estaca para asegurar el flanqueo. Tal y como comenta el "*sherpa*" la cresta de los Besiberris vista desde el Sur se ve francamente realizable ...

• **Otras rutas**:
Vertiente sur (vall de Gémenes). F (I+). Es una excursión larga. Hay unas 6 horas para unos 1600 metros de desnivel desde Caldes de Boí. No tiene dificultades técnicas.
Vertiente este (vall del riu Malo). F (I+). Es una excursión larga gracias a los simpáticos gestores del parque nacional de Sant Maurici i Aigües Tortes que no dejan subir hasta lo alto de la presa de Cavallers (1723 m) y hay que hacer una cuestecita a su salud. Hay unas 6 horas para unos 1500 metros de desnivel desde el aparcamiento situado al pie de la presa. No tiene dificultades técnicas.
Cresta de los Besiberris. AD (III).

• **Refugios**: refugi de Besiberri (2200 m).

• **GPS** (RE50): 31T 321724 4718199.
• **GPS** (WGS84): 31T 321635 4717998.
• **Datos GPS de la ruta normal por el vall de Besiberri** (RE50):

Aparcamiento El Santet	31T 317440 4719883 1566
Puente sobre el Barranc de Besiberri	31T 318253 4719390 1720
Ruinas del refugi Pere Borès	31T 318545 4719375 2004
Refugi – vivac de Besiberri	31T 320494 4719341 2245
Colladeta d'Estanys	31T 321533 4718257 2902
Besiberri Sud	31T 321724 4718199 3034

• **Mapas**: Tuc de Mulleres-Besiberri editorial Alpina 1/25000 y Pica d'Estats-Aneto IGN Rando 1/50000.

COMA LO FORNO (3029 m)

• **Situación**: Es una cumbre de más de tres mil metros de los Pirineos. Se encuentra en el término municipal de la Vall de Boí de la comarca de la Alta Ribagorça de Lleida (España).

• **Aproximación**: El acceso por el oeste es por la vall de Besiberri y franqueando la colladeta d'Estanys (2890 m), el acceso por el sur es por la vall de Gèmenes y su acceso por el norte y el este es por la vall del riu Malo saliendo de la presa de Cavallers (1782 m).

• **Ruta normal**: *Vertiente sur* (vall de Gèmenes). PD (II-). La ruta sube por el valle hasta llegar al pie del circo. En lugar de subir a la colladeta d'Estanys hay que mirar de remontar directamente a la brecha que separa el Besiberri Sud y el Coma lo Forno. Hay que escalar por una cornisa y una canal que nos conducirán a la brecha norte del Coma lo Forno. Una vez en la brecha se sube por la misma cresta hasta la cumbre. Son unos 1300 metros de desnivel que se hacen en unas 6 horas.

• **Otras rutas**:

Ruta sureste (Paso del Oso). PD. Se sale de la presa de Cavallers y son unos 1300 metros de desnivel que se hacen en unas 6 horas. Es una ruta muy directa y con mucha pendiente. Ruta de roca.

Ruta por la vall del riu Malo. PD. Se sale de la presa de Cavallers y son unos 1300 metros de desnivel que se hacen en unas 7 horas. Es una ruta que va dando un rodeo por lo que la pendiente es más suave que la del Pas de l'Os.

Cara NE. PD. Se sale de la presa de Cavallers y se sube por la vall del riu Malo. Son unos 1300 metros de desnivel que se hacen en unas 7 horas. Ruta de roca.
Cresta Besiberri Sud al Coma lo Forno. PD. Hay que contar algo más de una hora para ir de cumbre a cumbre. En invierno pueden ser necesarias las estacas de hielo.

• **Refugios**: refugi de Besiberri (2200 m) y refugi Joan Ventosa i Calvell (2220 m) aunque queda mas bien lejos.

• **GPS** (WGS84): 31T 321776 4717724.

• **Mapas**: Tuc de Mulleres-Besiberri editorial Alpina 1/25000 y Pica d'Estats-Aneto IGN Rando 1/50000.

PUNTA ALTA DE COMALESPADA (3015 m)

• **Situación**: La Punta Alta es un tresmil del Pirineo catalán. Está en la comarca de la Alta Ribagorça y en la población de la Vall de Boí. Se encuentra dentro del parque natural d'Aigüestores i Llac de Sant Maurici.

• **Aproximación**: Todas las rutas salen de la presa de Cavallers (1743 m) a la que se llega remontando el valle de Boí.

• **Ruta normal**:
Vertiente sur (Comalesbienes). F. Del aparcamiento hay que empezar a subir por la carretera que lleva a la presa de Cavallers y al rato el camino sale a mano izquierda por una pista forestal que se desvía de la carretera. Después de subir un tramo de pista sin asfaltar hay unas marcas y mojones que permiten entrar al valle de Comalesbienes. El valle de hace largo y el camino se hace complicado por la gran cantidad de bloques de piedra. Una vez se ha llegado a los lagos de Comalesbienes y pasado el lago mayor hay que subir directamente al pic de Comalesbienes (2997 m). Por la cresta se llega a la cumbre de la Punta Alta. Son unas ocho horas de subida para unos 1400 metros de desnivel. La ruta no tiene dificultades técnicas pero es realmente larga.

• **Otras rutas**:
Vertiente norte (Coma l'Espasa). F. Está ruta sale de la Pleta del Riu Malo ya pasado el pantano de Cavallers. Se suele usar de

bajada por su fuerte pendiente. Son unas siete horas para unos 1400 metros de desnivel.

Vertiente norte (Colieto). F. Se suele hacer noche en el refugio Ventosa i Calvell. Son unas nueve horas para unos 1400 metros de desnivel.

• **Refugios**: refugi Joan Ventosa i Calvell (2220 m).

• **GPS** (WGS84): 31T 326068 4716987.

• **Mapas**: Pica d'Estats-Aneto IGN Rando 1/50000. Parc Nacional de Sant Maurici i Aigüestortes editorial Alpina 1/25000.

BESIBERRI CENTRAL (2995 m)

• **Situación**: Es una cumbre del macizo del Besiberri que está en los Pirineos. Se encuentra en el límite de los términos municipales de la Vall de Boí y Vilaller de la comarca de la Alta Ribagorça de Lleida (España). Forma una muy interesante y complicada cresta que une el Besiberri Nord (3008 m) con el Besiberri Sud (3034 m). En realidad, es una cumbre bicéfala. Antes se conocía con el nombre de Doble Ressalt pero ahora a la cumbre norte se la conoce como pic Simó (2995 m) y a la sur como pic Jolís (2995 m).

• **Aproximación**: Su acceso oeste es por la vall de Besiberri y por el este por la vall de Riu Malo a la que se llega desde la presa de Cavallers. Aunque lo normal, es que esta cumbre se suba desde el norte o el sur al realizar la integral de la cresta de los Besiberris.

• **Ruta normal**:
Cresta de los Besiberris: AD (III+). La cresta se suele hacer desde el Besiberri Nord en dirección al Sud. Saliendo se toma dirección sur bajando por la arista y siguiendo el filo se sortean los diversos grandes bloques de granito. Para llegar a la brecha Jaume Oliveras es necesario el uso de la cuerda y rapelar. Superando varios bloques de la arista llegaremos a la brecha Salles. Caso de tener problemas, desde las dos brechas mencionadas se podría salir de la cresta por cualquiera de las dos vertientes. En este punto la arista se estrecha (III+) hasta llegar a la cota inferior del Besiberri Central (2990 m). A partir de este punto la cresta se allana y se torna fácil hasta llegar a la

cumbre sur. El descenso al pas de Trescazes (2907 m) es fácil y se puede acceder desde la vall de Besiberri o del riu Malo. La ruta desde Trescazes a la cumbre del Besiberri Sud va por unos bloques inestables que se van sorteando sin muchas dificultades.

• **Refugios**: refugi de Besiberri (2200 m) y refugi Joan Ventosa i Calvell (2220 m).

• **GPS** (WGS84): 31T 321567 4718678.

• **Guía excursionista**: Macizo del Besiberri.

• **Mapas**: Tuc de Mulleres-Besiberri editorial Alpina 1/25000 y Pica d'Estats-Aneto IGN Rando 1/50000.

PUNTA CÉLESTIN PASSET (2998 m)

• **Situación**: Es una cumbre del macizo del Besiberri que está en los Pirineos. Se encuentra en el término municipal de la Vall de Boí de la comarca de la Alta Ribagorça de Lleida (España). Está situada en una cresta entre el Coma lo Forno (3029 m) y la punta Lequeutre (2967 m). Hasta hace poco se consideraba que era una cumbre de más de 3000 metros pero recientes mediciones la han descartado.

• **Aproximación**: Su acceso este es por la vall de Riu Malo o la vall de Coma lo Forno a la que se llega desde la presa de Cavallers y el pas de l'Os. El acceso por el oeste es por la vall Gèmenes. La cresta de la que forma parte tiene una dirección norte-sur, así que, si vamos por el norte es desde el Coma lo Forno y desde el sur es por la punta Lequeutre.

• **Ruta normal**:
Cresta sur: PD (pasos de III). Desde el estany inferior de Gèmenes (2240 m) hay que desviarse en dirección NE para llegar al filo de la Serra Plana. Se sube por todo el cordal hasta llegar a la punta Letreuque. La arista que une las dos cumbres es aérea y aguda. El paso clave está en un corte partido por un diedro que tiene pocos agarres. Para bajada de este paso hasta la brecha es recomendable usar la cuerda. A continuación, se supera por el lado este una zona complicada en la que hay que ir superando los bloques de la arista hasta llegar a la cumbre. Tardaremos unas 6 horas para superar los 1300 metros de desnivel desde la presa de Cavallers.

• **Otras rutas**:
Vertiente NW: PD (III). Por la brecha Passet situada entre la punta Passet y el Coma lo Forno. Es una ruta usada de subida por los estanys Gèmenes o incluso desde el coll d'Avellaners.
Cresta norte: AD (III). Desde el Coma lo Forno por la cresta hay unas 3-4 horas.

• **Refugios**: Quedan todos lejos y se suele salir desde la misma presa de Cavallers (1723 m). Para los que quieran asumir riesgos y gusten de incumplir la ley una buena idea es pernoctar en los estanys Gèmenes.

• **GPS** (WGS84): 31T 321719 4717503.

• **Guía excursionista**: Macizo del Besiberri.

• **Mapas**: Tuc de Mulleres-Besiberri editorial Alpina 1/25000 y Pica d'Estats-Aneto IGN Rando 1/50000.

MONTARDO D'ARÁN (2830 m)

• **Situación**: Es una cumbre que está en el extremo NE del macizo del Besiberri de los Pirineos. Se encuentra en el término municipal de Naut Arán de la comarca de la Vall d'Arán de Lleida (España). Por su posición resulta ser un mirador excelente.

• **Aproximación**: Su acceso norte y oeste es por Valartíes desde la vall d'Arán. Si queremos llegar por el este y el sur subiremos por la vall de Tumeneia a la que se llega desde la presa de Cavallers.

• **Ruta normal**:
Vertiente sur: F (I). Desde el refugi Joan Ventosa i Calvell (2220 m) nos dirigiremos hacia la zona lacustre de Travessany y siempre en dirección norte hasta llegar al estany de Monges (2410 m). Continuaremos con la misma dirección atacando directamente la cumbre por su vertiente norte y llegaremos a la antecima del Cap de la Serra (2781 m). Tras pasar el coll del Montardo (2729 m) se llega sin problemas a la cumbre principal. Son necesarias unas dos horas para superar los 600 metros de desnivel que hay desde el refugio. Al ser una cumbre muy accesible es un objetivo clásico del esquí de montaña.

• **Otras rutas**:
Vertiente oeste: F (I). Desde el refugio de la Restanca se sube primero al Güellacrestada (2475 m) para ir a buscar la ruta

normal descendiendo al estany de Monges (2410 m). Son unas tres horas.

Vertiente este: F (I). La subida por el valle de Rencules y Sesloses puede ser algo más corta si podemos llegar con el coche hasta el estany de Montcasaus (2000 m).

• **Refugios**: refugi de la restanca (2032 m) y refugi Joan Ventosa i Calvell (2220 m).

• **GPS** (WGS84): 31T 325408 4722713.

• **Guía excursionista**: Macizo del Besiberri.

• **Mapas**: Tuc de Mulleres-Besiberri editorial Alpina 1/25000 y Pica d'Estats-Aneto IGN Rando 1/50000.

PA DE SUCRE (2863 m)

• **Situación**: Es una cumbre del macizo del Besiberri que está en la serra de Tumeneia de los Pirineos. Se encuentra en el límite de los términos municipales de la Vall de Boí de la comarca de la Alta Ribagorça y del Naut Arán de la Vall d'Arán de Lleida (España).

• **Aproximación**: Su acceso norte es por Valartíes y el estany de Mar y por el este, oeste y sur es por los estanys de Tumeneia a los que se llega desde la presa de Cavallers.

• **Ruta normal**:
Cresta NNE: AD (III). Desde el refugio Ventosa i Calvell se sube al estany Polit de Tumeneia y por una canal se llega a la brecha Pauss que forma el Pa de Sucre con el Tumeneia Norte (2783 m). Saliendo en dirección SW se escala un tossal redondeado que hay enfrente y se desciende luego a una brecha que es el inicio de la escalada de la cresta final. Una cornisa inclinada nos conducirá a una chimenea que sube en diagonal. Las dificultades se superan por detrás de la chimenea y por una roca lisa siendo la zona de la izquierda por donde encontraremos los mejores agarres. Esta cumbre no tiene ninguna ruta fácil. Todas son de escalada. Es una buena roca granítica. Son unas 4 horas y unos 600 metros de desnivel desde el refugio.

• **Otras rutas**:
Cresta SW. AD (III+). Ruta de la primera ascensión.
Arista E. AD (III+).

- **Refugios**: refugi de la Restanca (2032 m) y refugi Joan Ventosa i Calvell (2220 m).

- **GPS** (WGS84): 31T 323367 4720149.

- **Guía excursionista**: Macizo del Besiberri.

- **Mapas**: Tuc de Mulleres-Besiberri editorial Alpina 1/25000 y Pica d'Estats-Aneto IGN Rando 1/50000.

MUSSOL DE TUMENEIA (2832 m)

• **Situación**: Es una cumbre del macizo del Besiberri que está en la serra de Tumeneia de los Pirineos. Se encuentra en el límite de los términos municipales de la Vall de Boí de la comarca de la Alta Ribagorça y del Naut Arán de la Vall d'Arán de Lleida (España). Es una pequeña aguja muy característica que se encuentra al ENE del coll d'Harlé (2782 m) y al WSW del Pa de Sucre (2863 m).

• **Aproximación**: Su acceso norte es por Valartíes y el estany de Mar y por el este, oeste y sur es por los estanys de Tumeneia a los que se llega desde la presa de Cavallers.

• **Ruta normal**:
Cara SW: MD (VI). Desde el coll d'Harlé (2782 m) hay que situarse en la misma cresta principal descompuesta. Hay que superar primero unos grandes bloques con cierta facilidad (III) hasta llegar al pie de una gran placa lisa (V) muy vertical. Ésta se supera por su mismo centro hasta llegar a una estrecha cornisa que ofrece una muy buena reunión. Se sale por la izquierda y llegaremos bajo un techo que lo superaremos con la ayuda de un tramo equipado con clavijas (VI). Finalmente, por un diedro muy inclinado llegaremos a una arista vertical que nos dejará en la misma cumbre. Hay que contar que se necesitarán unas dos horas.

• **Refugios**: refugi de la Restanca (2032 m) y refugi Joan Ventosa i Calvell (2220 m).

• **GPS** (WGS84): 31T 323250 4720108.

• **Guía excursionista**: Macizo del Besiberri.

• **Mapas**: Tuc de Mulleres-Besiberri editorial Alpina 1/25000 y Pica d'Estats-Aneto IGN Rando 1/50000.

REFUGI DE BESIBERRI (2200 m)

• **Nombre oficial** (en catalán): Refugi Besiberri. Es propiedad de la FEEC (Federació d'Entitats Excursionistes de Catalunya).

• **Situación**: Está en el valle leridano de la Noguera Ribagorçana de los Pirineos (España). Pertenece al municipio catalán de Vilaller y la comarca de la Alta Ribagorça.

• **Ruta**: En la carretera nacional que va de Lleida a Viella, justo antes de pasar el largo túnel de Viella, hay un desvío a mano derecha un poco antes del Institut d'Investigació de Nauta Montanha que nos deja en un parking situado cerca del refugio de Conangles (1585 m). En este punto se empieza a andar por una senda que nos subirá hasta el estany de Besiberri (1960 m). En el borde del estany encontraremos las ruinas del antiguo refugio Pere Borès que se lo llevó por delante un alud. Bordearemos el estany para continuar por unas suaves pendientes que nos conducirán al segundo lago: L'Estanyet. Justo en este segundo lago y encima de un pequeño promontorio que está a nuestra izquierda encontraremos el refugio metálico de Besiberri. El tramo del primer lago hasta el refugio está señalizado con estacas pintadas de color amarillo. Son unas tres horas para los 600 metros de desnivel. Su acceso no tiene dificultades técnicas.

• **Principales ascensiones**: Tuc de Contesa (2786 m), Tuc des Estanhets (2887 m), Tossal del Molar Gran (2887 m), Tuc dera Canal de Rius (2813 m), Besiberri Nord (3014 m), Besiberri Sud (3024 m), Coma lo Forno (3029 m) y Pic d'Abellers (2982 m).

• **GPS** (RE50): 31T 320494 4719341.
• **GPS** (WGS84): 31T 320284 4719236.

• **Altura**: 2200 metros.

• **Mapas**: Tuc de Mulleres-Besiberri editorial Alpina 1/25000 y Pica d'Estats-Aneto IGN Rando 1/50000.

• **Comentario personal**: Se trata de un refugio metálico de tamaño mediano. El refugio es libre y aunque está pensado para que pueda albergar un máximo de 18 personas el número ideal es 9.

• **Nota**: No hay que confundir este nuevo refugio con el anterior que estaba situado en la brecha Peyta. Gracias a un mal entendido sentido conservacionista y un sentido común que deja mucho que desear por parte de los sabiondos gestores del parque nacional de Sant Maurici i Aigüestortes y de los de la Vall d'Arán no se pudo instalar este refugio en su emplazamiento original.

REFUGI JOAN VENTOSA I CALVELL (2220 m)

• **Nombre oficial** (en català): Refugi Joan Ventosa i Calvell. Es propiedad del CEC (Centre Excursionista de Catalunya).

• **Situación**: Es un refugio que está en el Pirineo de Lleida. Está situado en la comarca de la Alta Ribagorça en el municipio de la vall de Boí y por encima del estany Negre sobre una pared rocosa.

• **Ruta**: Desde la población del Pont de Suert hay que ir en dirección al Parc Nacional de Sant Maurici i Aigües Tortes siguiendo el valle de Boí. Una vez pasado el balneario de Caldes de Boí se sube por una carretera en dirección a la presa de Cavallers (1723 m) donde dejaremos el coche en un aparcamiento que hay en la base de la presa. El camino a pie primero bordea el largo pantano de Cavallers hasta llegar a la pleta del riu Malo. Se continua por el valle que queda a mano derecha hasta llegar al refugio. Son unos 500 metros de desnivel que se hacen en unas dos horas. El camino no tiene dificultades técnicas a excepción de la zona de la presa que en invierno puede caer alguna que otra avalancha o, incluso, yo me he encontrado con la necesidad de hacer un rápel en la misma presa para acceder a la superficie helada del pantano por no haber otro camino posible.

• **Principales ascensiones**: Besiberri Nord (3022 m), pic de Contraig (2958 m), Pa de Sucre (2862 m), Tumeneia (2783 m).

• **Travesías**: Carros de Foc.

• **GPS** (WGS84): 31T 325881 4719172.

• **Altura**: 2220 metros.

• **Mapas**: Tuc de Mulleres-Besiberri editorial Alpina 1/25000 y Pica d'Estats-Aneto IGN Rando 1/50000.

• **Web**: www.refugiventosa.com.

• **Comentario personal**: Entre el rollo que se han inventado de lo de los Carros de Foc y los graciosos del parque nacional que no te dejan ni vivaquear resulta que este refugio en temporada alta está saturado sistemáticamente por pequeño. Un refugio construido y pensado para las necesidades de hace cien años resulta que las necesidades del siglo XXI no se pueden atender y ahora está difícil de ampliar por un ecologismo de pacotilla. Es triste acabar así ....

REFUGI DE LA RESTANCA (2032 m)

• **Nombre oficial** (en català): Refugi de la Restanca. Es propiedad de la FEEC (Federació d'Entitats Excursionistes de Catalunya).

• **Situación**: Está situado en el Pirineo central, en la comarca lleidatana de la Vall d'Arán. Emplazado entre la Serra del Montardo y la Serra de Tumeneia.

• **Ruta**: Con el coche se puede subir por la carretera que sale de Artíes hasta els Prats de Sieja. Una vez allí hay que andar aproximadamente unas dos horas. El camino no tiene dificultades técnicas.

• **Principales ascensiones**: Montardo (2833 m), Tossal de Mar (2750 m), Pic de Monges (2700 m), Tumenèia Nord (2771 m), Pa de Sucre (2803 m), Besiberri Nord (3014 m), Tuc dera Canal de Rius (2813 m), Tossal del Molar Gran (2887 m), Tuc de Conangles (2779 m) y Tuc de Sarraera (2631 m).

• **Escalada**: Montardo (2833 m), Pic de Monges (2700 m), Tumenèia Nord (2771 m), Pa de Sucre (2803 m), El Drac la vía del Gran Diedre (V) de 220 metros de desnivel y Tossal de Mar (2750 m).

• **Travesías**: GR-11, Hospital de Viella, refugi de Besiberri (2200 m), refugi Joan Ventosa i Calvell (2220 m), refugi de Colomers (2135 m) y refugi de Montcasau (en mal estado).

- **GPS** (WGS84): 31T 324096 4722453.
- **GPS** (RE50):

Aparcamiento Prats de Sieja 31T 325553 4725268 1371.
Desvío Pont de Rius 31T 323973 4723548 1657.
Refugi de La Restanca 31T 324171 4722692 2032.

- **Altura**: 2032 metros.

- **Mapas**: Tuc de Mulleres-Besiberri editorial Alpina 1/25000 y Pica d'Estats-Aneto IGN Rando 1/50000.

- **Web**: www.restanca.com.

REFUGI BOCA SUD (1626 m)

• **Nombre oficial** (en català): Refugi Boca Sud. También se le conoce como Hospital de Vielha o Sant Nicolau.

• **Situación**: En los Pirineos catalanes en la población de Vielha e Mijaran. Lo encontraremos en la misma boca sur del túnel de Vielha a mano derecha (del túnel viejo) si se sube por el valle.

• **Ruta**: No hay que andar. A pie de carretera la N-230 PK. 151 y se llega con el coche o bicicleta hasta la misma puerta sin problemas.

• **Principales ascensiones**: Tuc de Mulleres (3010 m), Besiberri Sud (3034 m) y Coma Lo Forno (3029 m).

• **GPS** (WGS84): 31T 316614 4721837.

• **Altura**: 1626 metros.

• **Mapas**: Tuc de Mulleres-Besiberri editorial Alpina 1/25000 y Pica d'Estats-Aneto IGN Rando 1/50000.

• **Comentario personal**: Ya en el año 1975 dormí en este sitio y recuerdo que nos colocaron en un pajar a precio de oro. Con los años han mejorado las instalaciones aunque no tanto como sería de desear por ser un punto bastante estratégico. Es un albergue refugio y se duerme en literas.

SANGRE, SUDOR, LÁGRIMAS, RAYOS Y TRUENOS EN EL BESIBERRI NORD (3014 m) POR LA ARISTA PEYTA (NE)

Día 18 de septiembre de 1979.

Estamos desayunando debajo de los arcos y seguimos esperando. El Sol todavía calienta mucho pero se nota el frescor del mes de septiembre: el mejor mes para hacer ascensiones ya que se juntan muchas condiciones favorables, los glaciares están escondidos a gran altura, el Sol calienta durante el día a pesar de que las noches ya son frías y hielan la nieve, hay bastantes horas de luz, ...

Quedamos Miguel y yo que les esperaríamos aquí hacia las diez de la mañana. Pero cuando acabamos de desayunar Josep Mª y Jordi no han llegado aún con el coche. Miguel va a llamarlos pero no hay respuesta. Aparecen al cabo de dos horas. Han tenido dificultades con los papeles del coche. Después de horas de espera y de incógnita salimos de Girona con un vehículo que no es una joya. El viaje nos lo tomamos con filosofía (estoica ¡naturalmente!). Encontramos camiones en Los Brucs y comemos en La Panadella. Por la tarde hace mucho calor y nos tomamos una cerveza en Benabarre. Nuestro plan era subir hoy mismo al refugio. Al retraso inicial que llevamos hay que añadirle el que se produce al encontrar la carretera cortada antes de El Pont de Suert. Este tramo lo están arreglando. La subida al refugio es muy larga. Hay que dejarla para mañana. En El Pont de Suert compramos algunas cosas. Visitamos a los parientes de Jordi que viven en Taüll y nos reciben afectuosamente como la otra vez. El día empieza a irse.

Decidimos ir a dormir cerca de Caldas y montar la tienda a la luz del día. Cuando tenemos el lugar decidido vemos que la tienda no tiene clavos y que le falta un trozo de mástil. Hasta ahora parece que no hemos tenido mucha suerte. Un día de retraso, el coche tiene algún problema, nos faltan los clavos de la tienda (que los sustituimos por trozos de "boix") y, ahora, para completar los males el fuego no se enciende ni a tiros. Menos mal que el hornillo sí que funciona. Después de cenar Josep Mª saca la guitarra y alrededor del fuego, perdón, del humo hacemos un rato de tertulia. Hace frío y nos vamos a dormir, con mucho cuidado, no se vaya a caer la tienda. Todo lo arreglamos con sentido del humor.

Día 19 de septiembre de 1979.

Nos levantamos a una hora razonable y hacemos un poco de orden y limpieza. Desayunamos y recogemos todas las cosas con tal de ir a hacer una comida puntual y buena a Taüll para salir bien equipados. Comemos caliente, sentados, un buen plato de judías con butifarra y postre. En la casa dejamos todo lo que no nos sirve para la excursión. El tiempo no está muy claro pero regresaremos a Cavallers. Es una inmensa pared con contrafuertes destacando su majestuosa quietud en medio de una naturaleza salvaje. La presa de Cavallers ha significado para mí el límite entre la civilización y la alta montaña pirenaica de este valle tan agreste. A partir de allí incertidumbre y aventura. En el aparcamiento encontramos unos motoristas de Puigcerdà que parece que están un poco molestos pues se lo han pasado muy mal intentando hacer una travesía. Después de intercambiar unas palabras con ellos bajan por la carretera y nosotros iniciamos con mucha calma la ascensión al refugio. Está calculado entre cuatro y cinco horas de marcha. Bordeamos el pantano hablando entre nosotros hasta la Pleta del riu Malo. Hay unas vacas sentadas que nos miran casi despectivamente sin dejar de rumiar. Por un instante vemos la imponente pirámide del Besiberri Nord que nos deja impresionados hasta que la niebla nos tapa toda la panorámica. Al atravesar una cascada, que nos refresca un poco, comienza una fuerte ascensión por un caminillo tortuoso y poco marcado hasta que desaparece antes de llegar al estanque. Queda bastante colgado y ya desde allí se ve claramente el refugio metálico de la brecha Peyta. Unos grandes neveros quedan cortados encima del agua y la niebla nos deja ver de vez en cuando la cresta imponente de los Besiberris e incluso alguna grieta que hay debajo. El tiempo está muy inseguro y después de coger nieve para fundirla continuamos por un pedregal muy empinado. Josep Mª y yo vamos delante y a mitad de la subida hace patinar sin querer una piedra. No me aparto ya que parece que pasará lejos pero justo el último bote hace que vaya directamente hacia mí y me toca en un puño y en la pierna. Tengo una mancha de sangre pero no deja de ser una rascada algo fuerte. Miguel que acompaña a Jordi, que no se encuentra muy bien, se interesa por lo que pasa y con un grito le digo que no ha sido nada y no se preocupe.

En cabeza ya estamos casi en el refugio. El tiempo está muy inseguro y empieza a refrescar. Estamos a 2805 metros. Josep Mª hace señas y nos comunica que ya ha llegado y que no hay nadie. Acabo de llegar y me quedo impresionado de la situación de este refugio. Se domina todo el valle de la pleta por un lado y por el otro la sierra de Tumeneia y el Estany de Mar. A nuestro alrededor grandes neveros, lagos, crestas ... en fin, ¡es sensacional! Sin perder tiempo quiero ver este refugio del que tantas veces había leído unos textos del francés Bellefon. Por fuera es de metal inoxidable, forrado de corcho y después madera. Hay seis literas desplegables con mantas, un botiquín y un armario con provisiones para emergencias.

Acaban de llegar Miguel y Jordi. Hacemos fotos y filmamos. El frío se ha hecho muy intenso y se ha desencadenado una tempestad. Una gruesa puerta que hace ruido a nevera nos aísla perfectamente del exterior. Por una ventanilla entra la poca luz que queda del día y vemos como la noche va imponiéndose.

Abrigados con las mantas estamos sentados en las literas, la nieve se va fundiendo mientras vamos leyendo el libro de registro del refugio y anotamos nuestras observaciones. comentamos que un buen lema para la salida podría ser la famosa frase de Churchill con un añadido personal: *"sangre, sudor, lágrimas, rayos y truenos, ..."*. Las inclemencias de la naturaleza se han desencadenado y me parece que nunca las habíamos vivido tan de cerca. Estamos en silencio, sólo se oye el hornillo, el ambiente es sensacional. Un rayo ilumina de repente el refugio oscuro y, a continuación, el rayo menea toda la construcción. Sabemos que el refugio es bueno pero no podemos dejar de impresionarnos y de inquietarnos un poco. Gauss tiene razón: la corriente eléctrica no ha entrado en el interior del refugio y se ha quedado en el exterior. Pero ... ¿seguirá teniendo razón las próximas veces? La nieve ya se ha fundido y se puede hacer ya la sopa. Dejamos una reserva de nieve que se irá fundiendo por la noche. Después de cenar Jordi todavía no se encuentra muy bien y se va a dormir. A alguien se le ocurre la idea de hacer un "cremat" y con su calor fundimos la nieve que queda, nos calentaremos nosotros y el barracón para luego beberlo junto con un té con limón. Aceptamos la idea ya que lo de jugar a las cartas no tiene muy buena acogida. El té lo guardamos para mañana ya que va a ser el único líquido que vamos a tener en todo el día. Esto será un gran problema ya que nuestro plan es hacer la integral de los Besiberris y en todo el recorrido es bastante probable que no encontremos agua. De todas formas, ya veremos si hacemos algo de la forma como está el tiempo. Nos hacemos a la idea del drama que debería ser el de aquellos compañeros que se quedaron prisioneros en estas crestas durante días y que los tuvieron que rescatar. Realmente tiene que ser una experiencia penosa. Nosotros llevamos aquí unas horas y ya empezamos a notar la falta de espacio.

El tiempo va pasando y ya deben ser hacia las diez. El "cremat" es sensacional. Hemos conseguido subir poco peso y a cambio hemos hecho una cena caliente, un "cremat", un té y no sé cuantos lujos más. Parece que las inclemencias meteorológicas han cesado, me abrigo mucho y salgo. El frío es intensísimo. No se ve ni una sola estrella. El viento no se sabe de dónde sopla aunque lo hace muy fuerte. La panorámica es esta: hace mucho frío, niebla en general, está el cielo cubierto y la roca está húmeda.

Decidimos ir a dormir. En las literas se está muy bien ya que sólo estamos los cuatro y podremos dormir anchos. Con la luz de la frontal todavía escribo unas notas en el libro de registro que es muy divertido. Cuando acabo me arreglo el cojín con ropa. Apago la frontal e intento dormir que, como siempre, lo consigo. La temperatura es muy agradable aquí dentro. Fuera los elementos naturales luchan ruidosamente y el viento choca contra la estructura metálica confiriendo a esta noche un gran ambiente de alta montaña en esta brecha a casi tres mil metros.

Día 20 de septiembre de 1979.

A lo mejor son las cinco. Nos tenemos que levantar pronto para hacer la integral. Miguel se levanta y lo que ve es desesperante. Hace frío y la niebla lo tapa todo. Estamos inmersos en una nube. Regresa a la litera y dormimos una hora más aproximadamente. El tiempo no ha cambiado pero tomamos una decisión: nos pondremos de camino al Besiberri Nord y ya veremos. Desayunamos un poco, al parecer hoy necesitaremos las fuerzas, aunque de todas formas me repulsa un poco comer a estas horas y sólo tomo un sorbo de té. Guardamos las cosas, barremos el refugio y nos ponemos en marcha. Lo que todos pensamos es que aquí no volveremos más o que tardaremos muy poco en regresar. De todas formas no dejamos nada.

Rápidamente perdemos el refugio de vista, hemos bajado un poco para perder un trozo de cresta que tiene pasos de IV grado aunque no tardamos mucho en regresar a ella. Comienza a llover o a nevar. El silencio da un extraño ambiente a esta caravana que evoluciona con marcha calmada. Las fitas son abundantes y las vamos siguiendo. Nos llevan al filo de una cresta y su orientación hace que la sigamos ya que sube directa al Besiberri Nord. Al principio parece fácil, a lo mejor con algún paso de II grado, pero al darnos cuenta vemos que estamos en una cresta muy vertical de grandes bloques de granito. Al moverse la niebla vemos todo el esplendor de la cresta NE que se levanta puntiaguda enfrente nuestro. También vemos por unos instantes la Punta Alta. La niebla vuelve a cubrirlo todo. El avance es lento, constante, con tramos de ascensión verticales y progresando al escalar repisas. Comienza a notarse la sensación de vacío bajo nuestros pies. Menos mal de la niebla que tapa la vista de la caída. Los pasos delicados se van haciendo constantes y muy abundantes. Todos son muy gimnásticos. Esta cresta es cada vez más difícil. Encontramos una plataforma y decidimos reunirnos allí. La vía se pone muy interesante, ya lo dice la guía, pues ahora encontraremos "*los pasos de III grado que se superan acrobáticamente*". En esta reunión aprovechamos para hacer un trago y comentar la situación. Aquí abandonaremos el filo de la cresta para avanzar por la vertiente sur. Una serie de canales verticales conducen a la cima. Para pasar de la plataforma a la primera canal hay que hacer un paso muy grande sobre el vacío con extrañas presas. Subimos el canal con pasos de II grado hasta otra plataforma muy pequeña y la cosa se pone negra. Las piedras están muy frías y húmedas. En cada parada aprovecho para ponerme las manos en los bolsillos y calentarlas un poco ya que no me gusta escalar con los guantes puestos. Falta el paso más difícil. Menos mal que no debemos estar muy lejos de la cima. Ha llegado el momento de sacar la cuerda. Miguel se la ata, se quita la mochila y empieza a subir. Unos instantes después desaparece entre la niebla y las piedras. Estamos en silencio en la plataforma. La cuerda va resbalando por la roca hasta que se para. Se oye un grito de Miguel que nos dice que es factible. Con la cuerda subimos su mochila y después Jordi y Josep Mª superan este paso asegurados por Miguel. Finalmente me ato la cuerda con el mosquetón de la baga y subo. El primer paso es lo más complicado que había hecho hasta el momento. Te encuentras tú y mochila empotrado debajo de un saliente de roca con presas de mano muy bajas. Se supera este paso por la izquierda. Con una mano hay que buscar una presa encima de la cabeza y ahora es con presas pequeñas con la que hay que recuperar una posición estable y salir de la posición inicial. Es un paso claramente de III grado aunque alguien comenta que incluso de IV aunque yo no lo creo. Eso sí el largo de cuerda no baja en ningún momento del III. Miguel va recogiendo la cuerda y asegurando desde un saliente de roca. Vuelvo a calentarme las manos y hablamos del rapel que habrá que hacer al bajar en el caso de no encontrar ningún otro sitio por el que sea mejor. Unos pasos más y ya coronamos la cumbre.

Lo sabemos porque hay un libro y una placa. Estamos a 3014 metros rodeados de un paisaje impresionante pero que no lo podemos contemplar. El frío no cesa debido a la nula acción solar. Nos sentamos en la cumbre. Nuestro pelo está lleno de gotitas de agua congelada. Hacemos fotos y filmamos. Ya tengo ganas de comer algo. Aquí se decide que la integral no deja de ser un proyecto. Hemos hecho un tresmil y ha sido espectacular por lo que estamos ya satisfechos. De todas formas la bajada nos espera con no pocos problemas. Debido al poco atractivo que presenta la permanencia en la cima decidimos regresar.

No bajamos exactamente por el mismo sitio. El primer paso sigue siendo más complicado de lo que esperábamos. Una chimenea de roca está obstruida por una piedra que sobresale. Este abultamiento tiene una presa en la pared superior. Hay que sentarse a caballo encima de una roca con las manos en la presa y los pies colgando en el vacío. Este paso se hace en diagonal, entrando por la derecha y saliendo por la izquierda. La pierna izquierda se va estirando intentando encontrar una presa extraplomada. El tanteo es agobiante. No veo mi pierna que en el aire intenta conseguir un punto de sostén. Estoy colgado de la punta de los dedos y por nada del mundo me puedo dejar vencer por el cansancio ... caería pared abajo. Sí, por fin he encontrado una rugosidad aprovechable. Me sostengo en ella. Aunque la pierna empieza a temblar de cansancio. Rápidamente tengo que encontrar una presa de mano segura. Completamente inclinado hacia el precipicio la mano izquierda encuentra una presa. Traslado el peso del cuerpo al lado que tengo seguro y por fin consigo ver la parte inferior de esta especie de nariz que sobresale de la pared. Por fin he pasado. Descanso un momento. Estoy soplando. Otro paso que supera en dificultad a los que he hecho hasta la fecha. Dudamos si hacemos rapel o no. Como no sabemos hacerlo lo intentaremos sin. Avanzamos lentamente. No se puede hacer ningún paso en falso. Nos intercambiamos consejos mientras bajamos. Todo el rato de cara a la pared. La vía que seguimos coincide en algunos tramos con los de la ascensión. La concentración es total. La niebla sigue corriendo a nuestro alrededor impasible. Los pasos difíciles se suceden con constancia y por eso no recuerdo más detalles hasta el último que fue singular. Probablemente un destrepe de III grado. Es un diedro recorrido por una fisura interior. Había dos cosas difíciles en él. Una era entrar en la fisura y otra, evidentemente, era bajarla. En un primer intento no encuentro las presas adecuadas y es que en primer lugar hay que recorrerla con la vista. Una vez dentro empotro un pie en la fisura y con las manos por opresión me aguanto contra las paredes laterales. Bajada lenta. Por suerte a mitad de la fisura hay una piedra del tamaño de un puño que ofrece una presa magnífica. Faltaba sólo un par de pasos más y se acaba la fisura y la bajada fuerte. Después de un descenso tan lento nos desahogamos saltando a la desenfrenada por el pedregal. La niebla todavía tapa el panorama y perdemos altura a todo correr. Dejamos el refugio metálico atrás y no dejamos de hacerle una mirada a este símbolo de audacia de los conquistadores de la montaña. Un nevero nos lleva directamente al estanque. ¡¡Agua!! al fin agua. Hacemos las curiosas mezclas con olés, bebemos, descansamos un poco y por primera vez podemos gozar de la vista. La niebla va desapareciendo definitivamente. Este estanque está colgado por encima del precipicio y refleja tímidamente la Punta Alta que tenemos, majestuosa, delante nuestro. Y tiene, además, la misma altura que el pico que acabamos de conquistar. Guardamos la cuerda. Sacamos las capalinas y bajamos a la pleta. El descenso se hace muy largo. Comienzan a aparecer las primeras hierbas y más adelante las flores como muestra que vamos entrando en el reino de la vida y dejamos atrás el del mineral y hielo eterno. Las huellas son definidas y se reconoce ya el caminillo que baja en picado al lado del río. Contra todo pronóstico sale el Sol que nos calentará las manos y los cuerpos que empiezan ya a estar agotados. El paso de la cascada refrescadora nos lleva a la pleta del riu Malo donde las mismas vacas que nos encontramos a la ida pastan tranquilamente con su eterna impasibilidad. Nos ven pasar. Ignoran nuestras aventuras.

Los horarios de los autocares hacen que vayamos aceleradísimos. En todo el descenso hemos parado dos veces para beber a pesar de que el Sol empieza a darle fuerte. El pantano de Cavallers se nos hace muy largo. Al fin llegamos al coche. Nos tenemos que despedir de nuestra amada naturaleza.

El coche baja rápidamente por la estrecha carretera a recoger los trastos a Taüll y poder, así, cojer el coche de línea en El Pont de Suert. Allí nos despedimos de Josep Mª y de Jordi. Ellos irán a Andorra. Nosotros volvemos a casa con los medios que ofrecen el transporte público y con un tresmil más en el bolsillo.

Unas veinticuatro horas más tarde llegamos a casa, haciendo noche en Barcelona, mientras que en coche se suelen tardar unas cinco horas. Que cada uno saque las conclusiones que quiera.

P.D. El texto está pasado a máquina dos años después de escribirlo en el momento de inspiración debido a la gran aventura. Tenía 16 años. Por lo que puede parecer que le doy un tono de epopeya a lo que no pasa de ser una experiencia muy buena de montaña. En fin. Esto es un recuerdo personal como puede ser una fotografía.

Aclaración: El refugio vivac que se encontraba en la brecha Peyta y que se cita en esta crónica hoy ya no existe.

Escrito por Robert C. Año 2.002.

AL BESIBERRI NORD POR EL ESTANY TORT DE RIUS

Lo que me escribe Robert el 20 de diciembre de 1981.

(...) El motivo fundamental es explicarte la última aventura de la que me parece ya sabes alguna cosa.

A lo mejor te puede ayudar más el que te incluya los horarios y que te los vaya comentando. Igual son incomprensibles, aunque no lo creo. Fuimos Joan, su primo, Miquel R. y yo.

Viernes: salida de Barcelona a las 16.00, refugio de pescadores al lado del túnel de Viella a las 21.00 (aquí pasamos la noche).

Sábado: salida del refugio a las 9.00, port de Rius 12.45, port d'Estany de Mar 16.00, refugio metálico de la bretxa Peyta 21.00.

Si coges un mapa creerás que somos unas "tortugas cojas", pues no. Te explico: al principio nos lo cogimos con calma, disfrutando del paisaje y de los estanys. Según las guías tardaríamos unas 6 horas. Pues a subir. Entonces nos pusimos a buscar un atajo. El terreno es bastante abrupto, la nieve nos llegaba a la cintura y a veces más arriba (nunca bajó de las rodillas). La piedra estaba helada totalmente y para colmo oscurece y no hay Luna. Nos turnábamos para ir abriendo paso, trabajo muy agotador (en verdad no había nunca luchado tanto como esa vez). Íbamos con una idea fija en la cabeza: llegar al refugio. Era lo único que me movía a intentar avanzar en esa sopa. Pero como ese no fue nuestro día todavía hay más: el final de la brecha no tiene nieve, es peor, piedra totalmente descompuesta y además cubierta de "verglaç" (en algunos lugares la capa de hielo tenía más de un par de centímetros). Era bastante vertical, sin Luna y sin frontales. Ya te puedes imaginar. Miquel y yo llegamos una hora antes que los demás. Yo funcionaba con el "piloto automático". Pusimos una cuerda fija para Joan y para Josep. Empezaba a hacer mucho frío. Cansados como estábamos tuvimos que fundir nieve, tardamos tres horas en poder apagar la sed. Esto sí: el metálico es una delicia. Estuvimos con dos franceses muy simpáticos que iban a escalar el Pa de Sucre. Encontré nuestras firmas en el libro del mes de septiembre de 1979.

Domingo: salida del metálico a las 9.00, pie de la pared 10.00, cima del Besiberri Nord 11.30, pie de la pared 12.45, salida 13.00, estany 14.15, pleta del riu Malo 15.15, presa de Cavallers 16.00, Caldes 16.45, Erill la Vall 18.30 y Barcelona 01.00.

El plan era ir después del Besiberri Nord al Central por la brecha Trescazes lo que implicaba una larga travesía de nieve en muy mal estado y bajar otra vez al túnel de Viella. La cresta del Besiberri Nord al Central descartada en invierno y en verano cuando quieras aunque es necesario conocer pitonar y rapelar. En la subida me puse en un diedro de III+ con un poco de nieve en medio de la progresión pero es seguro. Cuando estaba el primer pitón colocado y preparado para asegurar me dijeron que por allí nada y que no les engañaría a subir por allí.

Bajé en rapel hasta abajo (la primera vez que uso un pitón). La pared es muy segura y aérea. Además hacia un día muy bueno. Era de I y de II la escalada pero no es apta para empezar. Hay lugares que impresionan mucho. A la bajada estuvimos a punto de hacer un rapel y cuando estaba montado dijeron que no se fiaban. Era extraplomado y no se veía la cuerda por abajo. Bajamos muy cerca de la arista NE.

Era muy tarde, la nieve estaba podrida, estábamos un "poco" agotados ... decisión: bajaremos por riu Malo y llegaremos en auto-stop hasta el túnel. Llegamos a Caldes y todavía no habíamos visto a ningún coche. Allí uno cogió a Joan hasta el túnel y nosotros seguimos bajando mientras hasta Erill. Nos encontramos de nuevo y de regreso a casa con una ascensión más. (...).

EL MÁS INVERNAL DE TODOS: BESIBERRI SUD (3034 m)

Una excursión realizada el 31 de octubre de 1977.

Pasar las Ferias de Girona en la montaña resultó una prueba más de este ambiente singularmente sencillo y compacto que hace tiempo que respiramos: por la altura conseguida, por los recuerdos de dos de la expedición y por la canal a la colladeta dels Estanys siempre interesante.

El equipo lo formábamos:

"PK" el jefe de la expedición.
"Gerald Ford" la cola de la cordada.
"Miquipa" la cabeza de la cordada.
"Robert Stack" el joven Rébuffat.
"EO" el chico de las chirucas ... ¡ai! quina por (qué miedo).
"el Kimbal" el rey de la intuición.
"Vivo" en su primera gran excursión.
"Llusipú" el estímulo de la excursión ...

Finalmente, describiremos brevemente el gran éxito conseguido en el Besiberri Sur. Detalles de la excursión los hubo y muchos: encontramos un piolet, un gorro, un ovni ... Hay muchas anécdotas pero el Gerald es el encargado de describirlas.

Pondremos algunos ejemplos … Mientras Robert Stack hace prácticas a lo Rébuffat … Miquipa tira la cuerda y baja a Llusipú … ¿Quien lo paró? ¡Oh! … ¡Pues EO! Y el Gerald Fort apretó bien el piolo en el hielo … Mientras, el Kimbal se las apaña como puede sólo y le da al Vivo un palo … Y como es de suponer después de todas estas peripecias conseguimos la cumbre quedando ya ésta vencida a pesar de que hace un viento tan fuerte como seco ….. y tal y tal y tal … y así todo el rato.

Escrito por PK y traducido al castellano por Miquel J. Pavón i Besalú. Año 2.002.

LA GLORIA SUBE POR LOS CAMINOS ANGOSTOS (OVIDIO)

PUNTA LEQUEUTRE (2965 m)

Excursión realizada el día 23 de febrero de 1981.

Tal y como estaba previsto, decidido delante de una cerveza, a finales de enero teníamos que ir al Coma Lo Forno en un fin de semana que reunía todas las condiciones por una bofetada. Pero por motivos ajenos a nuestra voluntad se aplazó al domingo siguiente que era el último del mes de febrero.

Nos auguran resbalones a go-go. Dejamos las direcciones y teléfonos en nuestras casas por si no regresáramos, hacemos testamento y a las ocho del sábado salimos hacia Bohí. Somos tres (Josep S. Joan F. y Robert C.). La niebla nos hace malas pasadas hasta Balaguer pero después la pasta se despeja y podemos ver desde la carretera la panorámica del Monte Perdido hasta la Punta Alta. Enmarcada por robles centenarios nos introducimos por la Ribagorça que tiene el río totalmente helado. En Caldes no hay nadie. Hacemos las mochilas, nos preparamos y empezamos a andar. El camino sube con una pendiente constante y nos hace parar a menudo para tomar aliento.

Una cascada helada nos anuncia peligros próximos. Todo el valle del Gémenes se ve poco practicable. A cada paso nos vamos hundiendo más y más. Se oyen bastantes *"¡va parir!"* pues ya estamos de nieve hasta las ... De rodillas salimos de este suplicio y procuramos acercarnos a unas piedras que parecían nuestra salvación y digo bien parecían por lo que pasó un tiempo después.

La pared es cada vez más vertical. Esto es un callejón sin salida. No sabíamos por dónde nos metíamos pero la cuestión era salir de esa sopa. Las presas son inseguras y pequeñas. Verticalidad. Cansancio, nervios y fundamentalmente tenemos un excesivo peso sobre nuestras espaldas. Suspensión de un pie, las manos se desprenden y sensación de vacío.

Fue cuando yo ya estaba al final de esta corta pared, en una posición inestable cuando oí dos claros: *"¡NO!"* que rompieron el silencio de la tarde. Vi con toda claridad la caída. Yo estaba a unos metros por encima de él. Entre el cuerpo y la mochila, que rebotan en la pared, se frena y hacen que no reciba ningún golpe en la cabeza. Después las plantas y los matorrales acaban de pararle provocándole sólo algunos rasguños. Silencio.

- *"Joan! Contesta! Dí algo! ..."*.

Silencio.

- *"Estoy bien"*, contesta con una voz algo temblorosa.

Robert, que todavía está en una posición algo crítica, pregunta si tiene que bajar a ayudarle. No hace falta. Robert se pone a filosofar. Josep que está rezando por el alma de Joan baja a socorrerle. Seca los labios sangrantes y las rozaduras. Son todas las heridas superficiales y fundamentalmente morales (psicosomáticas, ¡ole!). Una de las conclusiones que tuve es que esto de las invernales es puro masoquismo pero que a pesar de todo no me desagradaría repetir el intento.

Intenta levantarse, está mareado, las piernas le sostienen a pesar de los fuertes dolores. Josep se encarga de llevarle la mochila. El valle queda tranquilo dajo los últimos rayos solares.

Estamos a 2100 metros en un llano que forman las estribaciones de La Lequeutre y hacemos un agujero en la nieve. Plantamos la isotérmica que, fundamentalmente, hasta ahora sólo ha hecho que estorbar. Una cena rápida, el Sol que se esconde y el frío pasa a protagonizar la escena. El cuerpo empieza a temblar y se introduce en el saco. Se avecina una larga noche. Doce horas de humedad, frío, hielo arrugado a nuestras espaldas, poco espacio al ser nosotros demasiado largos para una tienda tan corta, ... se está gestando una elegía acerca de la isotérmica.

Joan insiste y nos da moral hasta las cinco de la mañana que suena el despertador. Cuesta levantarse y engrasar los cuerpos arrugados. Las botas están heladas. La temperatura mínima prevista era -10 grados centígrados, es inaudito, se han vuelto a equivocar en las predicciones. Finalmente sacamos la cabeza y todo lo demás. Hace frío, está todo el cielo cubierto de estrellas e iniciamos la marcha. La nieve está helada y la pendiente es acusada. Se divisa ya la

Punta Alta y la Punta Passet parece como si nos estuviese desafiando.

Josep resbala y se frena con el piolet. A 2400 metros la pendiente disminuye hasta hacerse casi llano el trayecto. Ya vemos nuestro objetivo. El Sol acaba por salir y descansamos un rato para desayunar. Decidimos no ir al Coma Lo Forno iremos a la Punta Lequeutre. Los mapas de la Alpina engañan al personal.

Joan sobreponiéndose a los dolores sigue lentamente hasta donde nos encontramos.

Ya sólo Robert y Josep comienzan la arista que tiene un poco de nieve y hielo. Los pasos se complican mucho. El día es espléndido y soleado. La vista va ampliándose. El Bessiberri Sud y el Coma Lo Forno nos acompañan toda la ascensión.

A 200 metros de la cima tengo que abandonar todo gracias a un empacho de galletas. Durante más de una hora gozo de la soledad de la cresta. Mientras Josep, en solitario, corona la Punta Lequeutre y ve a la Punta Passet asequible pero decide regresar inmediatamente con los demás. Ya me he restablecido y regresamos con la moral de haber coronado un tresmil. En poco rato llegamos de nuevo a la isotérmica a eso de la una.

En la bajada tenemos que encontrar un camino, va directo al Balneario, nos volveremos a hundir y tenemos que desenterrar varias veces a Joan. Menos mal que parece tener siete vidas. Esta vez encontraremos el camino a la primera.

Abajo saboreamos el agua de Caldes y la cerveza de *"Las Cumbres"*.

En el coche me viene a la cabeza lo de las bienaventuranzas y pienso que se les olvidó una *"... bienaventurados los caídos por causa de la montaña porque ellos llegarán a sus cimas ..."*. Después de inaugurar un restaurant y cenar nos dirigimos directos sin nieblas ni demás peligros atmosféricos hacia *"Can Barça"*. La cama ofrece a los cuerpos doloridos un buen acogimiento.

INTERNET

- **Más información, vídeos y fotos.**

Macizo del Besiberri: http://www.posets.com/blog/?p=3754

Besiberri Nord: http://www.posets.com/blog/?p=1261

Besiberri Sud: http://www.posets.com/blog/?p=2796

Coma lo Forno: http://www.posets.com/blog/?p=1277

Punta Alta de Comalespada: http://www.posets.com/blog/?p=2973

Besiberri Central: http://www.posets.com/blog/?p=3790

Punta Célestin Passet: http://www.posets.com/blog/?p=3796

Montardo d'Arán: http://www.posets.com/blog/?p=3807

Pa de Sucre: http://www.posets.com/blog/?p=3773

Mussol de Tumeneia: http://www.posets.com/blog/?p=3782

Refugi de Besiberri: http://www.posets.com/blog/?p=2788

Refugi Joan Ventosa i Calvell: http://www.posets.com/blog/?p=2818

Refugi de la Restanca: http://www.posets.com/blog/?p=2849

Refugi Boca Sud: http://www.posets.com/blog/?p=2967

Crónica Besiberri Nord (arista Peyta): http://www.posets.com/blog/?p=882

Crónica Besiberri Nord (por Estany Tort de Rius): http://www.posets.com/blog/?p=1133

Crónica Besiberri Sud: http://www.posets.com/blog/?p=823

Crónica Punta Letreuque: http://www.posets.com/blog/?p=938

OTROS LIBROS DEL AUTOR

• **Título**: *Diccionario de montaña.*

• **Resumen**: Diccionario con los términos de montaña y escalada más habituales.

• **Título**: *Macizo de la Pica d'Estats.*

• **Resumen**: Guía explicativa de las ascensiones a los picos del macizo de la Pica d'Estats que superan los 3000 metros junto con las referencias de los refugios de la zona y todos los datos GPS.

• **Título**: *Barre des Écrins (4101 m).*

• **Resumen**: Ficha técnica de la cumbre de la Barre des Écrins (4101 m) de los Alpes franceses con información de sus vías de acceso, refugios y datos GPS.

• **Título**: *Si lo sé .... ¡No vengo!*

• **Resumen**: Pequeño resumen explicativo de las cuestiones básicas y preliminares a tener en cuenta para preparar bien una excursión.

• **Título**: *Muy trabajados y mal alimentados.*

• **Resumen**: Resumen explicativo teórico y práctico sobre la alimentación en la montaña con ejemplos prácticos.

• **Información**: http://www.posets.com/blog/?page_id=3216

www.ingramcontent.com/pod-product-compliance
Ingram Content Group UK Ltd.
Pitfield, Milton Keynes, MK11 3LW, UK
UKHW020233250726
13967UKWH00001B/348

9 781471 77884